...dans le cerisier en fleurs

Haïkus du colibri...

Lydia MONTIGNY

Haïkus du colibri...

...dans le cerisier en fleurs

Mentions légales

© 2021 Lydia MONTIGNY

Éditeur : BoD-Books on Demand
12-14 rond-point des Champs-Élysées, 75008 Paris
Impression : Books on Demand, Norderstedt, Allemagne

ISBN : 978-2-3221-9854-2
Dépôt légal : Février 2021

Passion de la Vie

Cristalline et joyeuse

Sourire de l'Amour

Oiseaux en silence

Se regroupant sur les branches :

Bibliothèque

Tempête au printemps :

Les vagues éclatent de rire

Plage des souvenirs

La magie blanche

L'immense sérénité

La nuit d'hiver

Etoiler la mer

Pour qu'elle scintille dans les yeux

Bateau amoureux

Soirée sous la pluie

Reflet luisant dans les rues

Revêtu de rêves

Faisant une pause

La musique laisse un vide

La danse s'y glisse

Neige étincelante

Sur la terre silencieuse

Saut d'un rouge gorge

Eteindre la nuit

Pour voler les étoiles

L'amour en pluie

Miroir du grand lac

Libellule sur un roseau

Deux ombres dans l'eau

Etoiles filantes

Moutons dans la bergerie

Le vent tricote

Faire une sieste

Au bord du lac du silence

Carpe bavarde

Journée de neige

Autour d'un grand feu de bois

Chocolat fondant

Création du jour

Papillons multicolores

L'orchidée s'endort

Journée du sourire

Correctionnant les erreurs

Encre tout en fleur

Hiver cristallin

Page blanche du silence

Message torride

Refléter la vie

Sur un lac bleu-gris –

Plongeon dans ton rire...

Noël bleu givré

Les flocons virevoltent

Légers et désinvoltes

Le froid mordille les doigts

Mon rire explose de joie

Pluie d'automne

Sur une touffe de mousse

L'escargot sourit

Aurore sucrée

Tamuré et cocotier

Bagage sans adresse

Douceur de la pluie

Champs de fleurs et fleur des champs

Perles de la vie

Un croissant de lune

Sur un nuage tout blanc

Le penseur a faim

Une goutte d'eau

Egarée dans le désert

La rose rouge

Mélodie d'été

Hirondelles sur un fil

Do ré mi fa sol

Marcher sur le sable

Ecrire entre deux vagues

Les mots de l'âme

Soirée d'écriture

S'allongeant sur un lit bleu

L'origami dort

Journée à rêver

Au milieu de nulle part

Une fleur à la bouche

Zénith immobile

Figeant le chant des oiseaux

A l'ombre des feuilles

Les cigales s'agacent

De siestes incomprises

Hérisson en boule

Tapis de feuilles rousses

Il pique un somme

L'été sur un champ

Un épouvantail s'agite

Le corbeau le salue

Vertige de l'attente

Une goutte de ciel bleu

Coulant de ses yeux

Nager dans la mer

Entre les ondes qui roulent

Mon esprit chavire

Naître de ces veines

Sculpter d'amour et de peine

Toujours le bois flotte

Marée d'équinoxe

Bousculade des vagues

L'oursin pique un phare

Plage désertée

Pour les cahiers d'écolier

Sablier cassé

Grimper sur les murs

Pour éclore en rose rouge

Echelle de senteurs

Pluie sur un jardin

Thym citron et menthe verte

Secret parfumé

Crépuscule rose

Un escargot disparait

Signant son chemin

La ronde des mondes

S'étonne d'un seul soleil

Un trait de lumière

Entre deux averses

Le papillon s'aventure

Envolée de fleurs

Jeter une pierre

Dans un lac en sommeil

Eclat d'un miroir

S'assoir en tailleur

Dans un jardin exotique

Zèbre en pyjama

Nuit de berceuse

L'arbre allume la pleine lune

Danse avec l'étoile

La mer disparaît

Dans le ciel horizontal

Le poisson lune

Le hamac balance

Les rêves de la sieste

La cigale attend

Un vieil arrosoir

Débordant de fleurs sauvages

Abeille romantique

Rêver doucement

Et sur la pointe des pieds

Traverser sans bruit

Le jardin des étoiles

Continuer à dormir

Tempête estivale

Les vagues éclatent de joie

Le feu d'artifice

Journée culturelle

Le vent feuillette un livre

Nouveau marque page

L'eau tombe et se brise

Sur tous les toits de Paris

Sublime Tour Eiffel

Rester immobile

Juste sur la pointe des pieds

Le poids d'une plume

Matinée neigeuse

Papillons blancs voletant

Silence d'oreiller

Journée gourmandise

Eplucher un dictionnaire

Déguster un mot

Orage automnal

Bouleversant le jardin

L'ampoule balbutie

Le soleil s'endort

Derrière le rideau rouge

Dernière séance

Le Soleil observe

Les ombres posées sur la Terre

La Lune s'évanouit

Maison endormie

Le vieil escalier de bois

Monte lentement

Au milieu de ce silence

Ecorce d'orange

Un grand coup de vent

Dans l'hiver bleu des montagnes

Les soucis vacillent

Balade en forêt

Pour se blottir contre un arbre

L'écureuil sourit

Pluie sur la montagne

Creusant les sentiers des âmes

Sourire arc en ciel

Jour d'hésitation

Entre choisir et douter

Souffler n'est pas jouer

Le couchant de l'été

Vibre du chant des grillons

Parfum de lavande

Vent soufflant du nord

Les feuilles déménagent

Escargot pressé

Dernière averse

L'épouvantail rit aux larmes

Bonhomme de neige

L'hiver s'éloigne

Laissant fondre la neige

Les premiers crocus

Sieste de chenille

Sur un rayon de printemps

Tatouage papillon

Douceur printanière

Au pied de la montagne

Gît un grand lac bleu

L'hirondelle l'effleure

Reflet de son gazouillis

En deçà des frontières

Des champs multicolores

Du pareil au même

Un château de sable

Le vent remontant les vagues

A l'assaut des rêves

Hiver sur les vitres

Rideaux de dentelle blanche

Etincelle dans l'âtre

Comprendre l'absence

Dans la leçon du silence

Une éternité

La chaleur se musse

Sous les ombres de l'été

Gracile papyrus

Ciel fatigué

Sur les épaules du Monde

Exalter l'espoir

Aiguilles parcourant

La ronde de notre vie

L'Amour sonne l'heure

Silence des vagues

Sur la plage abandonnée

Sablier oublié

Aimer le soleil

Simplement sans aucune ombre

Un instant de grâce

Sortir du chapeau

Pour faire le coup du chapeau

Accent circonflexe

Le vent de l'hiver

Expire dans une révérence

L'ourse polaire

Une dentelle noire

Maquille la nuit blanche

Masque à Venise

Livres précédents (BoD)

* Dans le Vent (VII 2017)
* Ecrits en Amont (VIII 2017)
* Jeux de Mots (VIII 2017)
* Etoile de la Passion (VIII 2017)
* As de Cœur (XI 2017)
* Pensées Eparses et Parsemées (XI 2017)
* Le Sablier d'Or (XI 2017)
* Rêveries ou Vérités (I 2018)
* Couleurs de l'Infini (II 2018)
* Exquis Salmigondis (V 2018)
* Lettres Simples de l'être simple (VI 2018)
* A l'encre d'Or sur la Nuit (X 2018)
* A la Mer, à la Vie (XI 2018)
* Le Cœur en filigrane (XII 2018)
* Le Silence des Mots (III 2019)
* La Musique Mot à Mot (IV 2019)
* Les 5 éléments (V 2019)
* Univers et Poésies (VIII 2019)
* Les Petits Mots (X 2019)
* Au Jardin des Couleurs (XI 2019)
* 2020 (XII 2019)
* Nous… Les Autres (X 2020)
* Ombre de soie (III 2020)
* Les Jeux de l'Art (IV 2020)
* Harmonie (VI 2020)
* La source de l'Amour (VIII 2020)
* Au pays des clowns (X 2020)
* 365 (XI 2020)
* L'Amour écrit… (XII 2020)